DU PARDON

ACCORDÉ

PAR LES RÉVOLUTIONNAIRES

AUX ROYALISTES;

Par le C^TE^. G. DE LA ROCHEFOUCAULD.

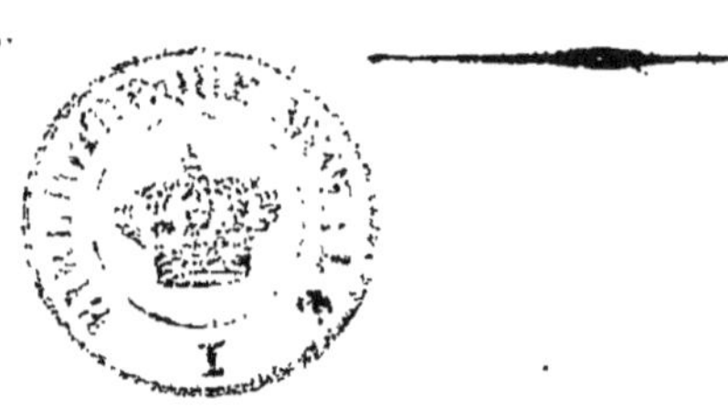

A PARIS,

Chez RAYMOND, Libraire, Palais-Royal, galeries de bois, n°. 218, boutique donnant sur les deux galeries.

DE L'IMPRIMERIE DE J. L. SCHERFF, PASSAGE DU CAIRE, N°. 54.

1817.

DU PARDON

ACCORDÉ

PAR LES RÉVOLUTIONNAIRES

AUX ROYALISTES.

On se souvient de ce mot touchant du Dauphin, le 21 juin, lorsqu'au bruit de quelques agitations nouvelles, il s'écria : « Maman, est-ce qu'hier n'est pas fini ? » Et maintenant c'est en lisant un pamphlet intitulé : *de la Doctrine politique qui doit le plus réunir les Français*, que chacun s'écrie avec effroi : « Est-ce que la révolution n'est pas finie ? » Il est vrai que c'est sa clémence qu'on nous promet, si nous nous convertissons à ses principes. L'auteur déclare même que c'est elle qu'il défend ; ainsi, les révolutionnaires proclament, par son organe, le pardon qu'ils daignent accorder aux royalistes.

Je sais que cet écrivain, quoiqu'il chérisse la révolution en théorie, n'en a jamais approuvé la pratique ; il paraît qu'il ne prétend l'employer que pour le plus grand bien de tous, comme on se sert de la cigüe en médecine. Il veut surtout tirer d'elle l'origine de l'ordre actuel, sans doute comme le Chaos a été la matière première du monde. Mais il est très-dangereux de proclamer en même tems, sous le Gouvernement du Roi, l'éloge de la Révolution et la censure de l'ancienne Noblesse, lorsqu'on sait qu'à cette terrible époque elle suivait la Royauté dans les cachots et sur les échafauds : elle était là à sa place, et il semble assez juste que lorsque la Royauté est remontée sur le trône, la Noblesse soit encore auprès d'elle. Mais depuis quelque tems on l'attaque de tous côtés, et le premier numéro d'un journal nouveau nous raconte qu'un rossignol, assurément très-vorace, avale les vers-luisans fiers de leur éclat. Si ce n'était encore que ceux-là, on pourrait échapper au massacre; mais nous savons que les rossignols qui chantaient en l'honneur de l'Être suprême, pendant la Révolution, avalaient les vers-luisans les plus modestes. On a donc déplacé les questions politiques; on forme deux classes au lieu de deux opinions, et on est forcé de se défendre, si l'on ne veut pas être avalé.

M. de Constant nous attaque directement. Il dénonce au public la vaste conspiration de 80 mille anciens nobles qui veulent proscrire, exiler, déporter 25 millions d'habitans; qui veulent, en propres termes, *retrancher toute une nation d'un pays.* Il faut convenir que leur complot n'est pas d'une facile exécution. Cependant, l'écrivain qui les accuse peut avoir commis une maladresse, en précisant le nombre et la qualité ; car il est certain que s'il y avait 80 mille conspirateurs, occupant les premiers rangs de la cour et les premiers emplois de l'armée, la majorité de la nation pourrait être, non proscrite et déportée, mais asservie. Nous avons été depuis vingt-cinq ans condamnés à subir le joug de minorités moins nombreuses. Voici quelle est la véritable conspiration : un Nègre, condamné à mort à Saint-Domingue, montra aux juges sa main pleine de graines blanches, sous lesquelles des noires étaient cachées ; puis, les reversant dans l'autre main, les noires se trouvèrent toutes au-dessus : « Où » sont les blanches maintenant, » s'écria-t-il ? Nos révolutionnaires attendent aussi le tour de main, cette crise heureuse qui les relèverait, et tout ce qui se dit, s'écrit, s'imprime en faveur de l'ancienne révolution, ne tend qu'à en ramener une nouvelle. On accuse les anciens nobles pour avoir le droit de les proscrire de nouveau ; et c'est le moment de déclarer franchement quels sont leurs principes.

Un nom illustre crée un devoir. On doit l'honorer; c'est ainsi un garant donné à la natio de la conduite de celui qui le porte; mais comme le meilleur moyen de l'honorer est d'être estimé dans l'opinion publique, il est évident que tout ancien noble a un intérêt de plus qu'un autre honnête homme à bien faire et à bien dire. Les anciens nobles l'ont prouvé; ils ont tous été royalistes et sont morts avec honneur sur les échafauds, à la tête des Vendéens, et dans les rangs de l'armée de Condé. Quelques-uns ont été séduits en 1789, par l'espérance de réformer des abus; mais ils ont abandonné la révolution avant qu'elle fût sanglante, dès 1791, dès qu'elle n'a plus été honorable. Maintenant ils sont divisés par quelques opinions peu importantes; mais tous veulent soutenir la monarchie dans l'intérêt de la nation. Les familles les plus illustres ont toujours été les plus bienfaisantes; les premiers de la Noblesse étaient frondeurs à la Cour, dès que les ministres n'étaient point patriotes, et ils se vengeaient d'eux en honorant leur exil par le bien qu'ils faisaient à leurs vassaux. Depuis l'abolition de la féodalité, les Seigneurs étaient encore les bienfaiteurs du peuple; quoiqu'ils n'eussent plus le droit de le protéger, ils en avaient conservé avec soin le devoir.

Croit-on que ce lien entre l'homme de la cour et l'homme de la campagne, ou même entre le riche et le pauvre, entre le puissant et le faible, ne soit pas utile? C'est le premier lien de la société, sans lequel aucun ordre public, même dans un état démocratique, ne peut se maintenir. Le pacte social est dissous, quand les anneaux ne se joignent pas. Que les nobles soient des seigneurs, ou des pairs, ou des magistrats, peu importe, pourvu qu'ils soient héréditaires, distincts et alliés pourtant à la nation. S'ils sont isolés ou confondus, il n'y a plus qu'individualité, il n'y a plus d'ordre social. S'il était vrai que 80 mille anciens nobles fussent en opposition de principes, d'opinions et de sentimens avec le reste de la nation, il y aurait une résistance habituelle à la réciprocité des secours et des affections, et par conséquent un désordre constant. Quand la Pologne était dans cet état, son peuple était esclave et non civilisé; mais les Français sont libres, éclairés et dans l'aisance, et l'ancienne noblesse sait que ce n'est qu'en étudiant la langue de l'opinion publique que l'on peut s'entendre et parler avec eux.

Les anciens nobles sont sortis de la révolution en réprouvant ses hommes et ses choses, c'est-à-dire ses agens, ses principes et ses intérêts. Je n'adopte point les définitions inexactes et incomplètes de M. de Chateaubriant, et je vais m'expliquer avec une entière franchise, parce que je n'appartiens à aucun parti, à aucune majorité ni minorité.

Oui, je le déclare, nous n'adoptons rien de la révolution; les hommes : c'est ici que M. de Constant assemble son armée, comme ce général de 93 qui avait compté du haut d'une montagne les soldats ennemis avec les siens, et s'étonnait ensuite d'avoir été battu. Il prend pour *hommes de la révolution* les ministres actuels, le conseil d'Etat tout entier, tous les magistrats et administrateurs, oubliant sans doute que la plupart se sont distingués notamment par leur opposition à la révolution, oubliant même qu'il y a bien quelques anciens nobles dans le nombre, et l'oubliant tellement qu'il les regarde tous comme incapables d'en être; car il est à remarquer qu'ils ont d'honorables souvenirs à conserver, et qu'ils ont aussi presque tous une fortune indépendante, et qu'on les déclare pourtant mal élevés, peu instruits et entièrement inhabiles. M. de Constant ne leur accorde que d'être agréables dans les formes et polis dans les mœurs; aussi, veut-il que les

Turenne et les Sully soient remplacés par ceux qu'il appelle *hommes de la révolution*, et il comprend, sous ce nom, tous ceux qui n'étaient pas nobles anciennement. C'est donc la nation entière que je me vois appelé à défendre au lieu de la Noblesse, puisque celle-ci est honorée de l'exclusion, comme tant de millions d'hommes honnêtes seraient indignés de s'entendre nommer les agens, les protégés, les héritiers de la révolution.

Le peuple français a été opprimé et non pas oppresseur pendant vingt-cinq ans; et il faut assurément *déshonorer ces vingt-cinq années*, puisqu'il est impossible d'en trouver dans l'histoire de France de plus exécrables, sous tous les rapports. Tout ce qui a été révolutionnaire a été infâme et barbare en même-tems; il n'y a eu de beaux traits que ceux qui ont eu lieu en opposition avec la révolution; il faut donc une mauvaise foi bien audacieuse pour les compter en son honneur. Quelle logique effrontée! On fait, dit-on, l'éloge de la révolution, parce que le Roi est mort comme un Saint, parce que M. de Malesherbes l'a défendu, parce que Pichegru et cent autres ont lutté contre elle, parce que les armées, refusant d'exécuter ses ordres, n'ont pas fusillé les émigrés prisonniers. C'est justement là ce qui réprouve à jamais les *hommes de la révolution*, les Roberspierre, Babœuf, Merlin et Boulay. Mais M. Boissy-d'Anglas, gardant le fauteuil devant la tête de Féraud, pour empêcher que le triomphe de l'anarchie fût consacré par la loi, était alors un contre-révolutionnaire très-courageux. Pourquoi a-t-on déporté à Sinamary les députés de fructidor? parce qu'ils s'opposaient à la marche de cette exécrable révolution. Et maintenant on les nommerait ses hommes, quand ils n'ont été que ses victimes! Ah! permettez que nous autres qu'on exclut honorablement de ce titre, nous retirions à nous au moins ceux qu'il n'est pas possible de déshonorer.

Mais je veux retirer la masse entière, et j'y parviendrai, en précisant quels sont les principes et les intérêts révolutionnaires. Les principes, ce sont : l'égalité de Barrère, battant monnaie sur les échafauds, ou celle de Babœuf, prenant le nom de Gracchus, pour redemander la loi agraire; la liberté, telle qu'elle fut établie par le Comité de salut public, lorsque les plus mauvais sujets gouvernaient au sein des clubs dans les villages; la proscription des Nobles et des Prêtres, sous le nom d'émigrés en 91, de suspects en 93, d'otages en 99, et renouvelée en 1815, sous le lieutenant de police de Nantes ; enfin, la liberté entière de la presse, la prohibition de toute espèce de religion, la confiscation des biens, la banqueroute faite aux créanciers de l'Etat, et le papier-monnaie forcé et le maximum des denrées. On pourrait y ajouter, pour compléter le tableau, ceux de conquête illimitée, de conscription générale, de spoliation à main armée et de domination militaire. Voilà les principes avec lesquels la révolution nous a gouvernés pendant vingt-cinq ans : ils sont entièrement réprouvés des royalistes, et même de tout républicain honnête homme.

M. de Constant appelle encore des auxiliaires qui lui sont étrangers, lorsqu'il regarde comme intérêts nés de la révolution l'égalité devant la loi, la liberté des consciences, la sûreté des personnes et l'indépendance responsable de la presse. Ce sont des principes plutôt que des intérêts ; ce sont surtout de ces élémens d'ordre que l'on rétablit après le désordre, mais qui n'en naissent point. En outre, il n'y a de nobles aujourd'hui que les Pairs, et ils ne sont point nos égaux devant la loi ; ils ne peuvent pas être arrêtés pour dettes ; s'ils sont criminels, ils ne sont pas accusés devant nos tribunaux ; la Charte leur accorde le droit d'être jugés par eux-mêmes. Les Pairs constituent à eux seuls toute la Noblesse de l'Etat; donc la Noblesse a des privilèges, et l'égalité devant la loi n'existe, comme avant la révolution, que pour le tiers-état. La liberté des consciences est telle qu'elle était sous Louis XVI, lorsque ce monarque, véritable fondateur de la liberté en France, eut rendu l'état civil aux protestans, et eut effacé les dernières traces de notre antique intolérance. Ce n'est pas sous ce roi que la sûreté des personnes était menacée. Ainsi la révolution désirable avait été faite avant 1789, et Louis XVIII a consacré le gouvernement de Louis XVI. Il faut convenir que cette expression vaut mieux que de dire qu'il nous a rendu les principes de la révolution. Quant à l'indépendance responsable de la presse, que M. de Constant s'attribue presque exclusivement, qu'il me permette de lui rappeler que c'est elle que les royalistes réclament depuis vingt-cinq ans. Lorsqu'ils étaient calomniés, insultés et désignés aux échafauds par les journalistes, ils sollicitaient la responsabilité des délits de la presse; ils étaient victimes de la tyrannie de cette liberté, et c'était un jury qu'ils désiraient, parce que les citoyens appelés tour-à-tour, et rarement à juger, sont plus indépendans que des magistrats spéciaux et payés par l'Etat.

Les véritables intérêts nés de la révolution, ce sont : le besoin d'acquérir sans cesse, soit par des entreprises frauduleuses avec le gouvernement ou avec le public, soit par l'exécution de lois qui dilapident les fortunes particulières ou la fortune publique; l'ambition fondée sur un faux honneur, qui tend à sortir de son rang, à changer d'état, à se croire digne de toutes les illustrations et capable de tous les emplois; l'habitude des alliances de partis, des jugemens de castes, des préventions contre le rétablissement ou l'innovation des institutions utiles; enfin, la nécessité des illégitimités, pour consacrer et consolider toutes celles de la révolution. C'est elle qui a créé ces intérêts, qui seuls empêchent encore le retour de l'union et de la confiance publiques.

Non-seulement nous ne voulons point adopter ces intérêts nés de la révolution, mais nous osons dire hardiment que la France est perdue si on les ménage, si on les épargne, si on ne les anéantit pas entièrement. Un Etat social ne peut se constituer s'il y a plus de mouvement que les ressorts n'en peuvent supporter. Si chacun est hors de rang, on sera sans cesse agité ; il n'y a que l'ordre des familles qui puisse nous fixer et rétablir la constitution de l'Etat par le placement de chacune de ses bases. La société est affermie par les nœuds qui s'unissent autour d'elle, et non par les liens les plus artistement travaillés et préparés, s'ils sont séparés les uns des autres, s'ils sont rompus ou flottans.

Ainsi, les biens nationaux vendus doivent être conservés aux acquéreurs ; mais il est moral, libéral surtout et *constitutionnel* d'en proscrire, d'en déshonorer le principe ; la confiscation étant abolie par la Charte est par conséquent réprouvée par elle. De même il ne faut pas établir de chambre ardente contre les fortunes envahies sur le domaine public, ou provenant des spoliations, de l'agiotage, des entreprises frauduleuses, des places déshonorées ; mais il sera toujours forcément permis aux citoyens de refuser d'acquérir ces biens, de les échanger, de les recevoir en dot, et de les garder quand ils en héritent. Il en résulte qu'il y en a plus souvent à vendre, qu'il se présente moins d'acquéreurs, et qu'on est forcé de les céder à bas prix. C'est un mal sans doute dans notre état social actuel ; mais il provient d'un fait, et il est impossible d'empêcher que ce fait ait eu lieu. En général, on ne considère pas assez la force des choses, et pourtant c'est toujours envain qu'on lutte contre elle; elle est plus puissante que les hommes; c'est elle qui repousse maintenant les théories idéales, et qui disperse au loin dans les airs l'encens révolutionnaire, parce que la déesse est enfin retournée aux Enfers.

Quelque pardon, quelque faveur même qu'elle nous promette aujourd'hui, nous n'adopterons point son culte; on ne nous convertira pas. Comment peut-on croire que des hommes qui ont conservé les principes monarchiques au milieu des échafauds de Roberspierre, au sein des guerres civiles de la Vendée, et sous le despotisme d'un homme qui dominait l'Europe entière, en changeront sous le gouvernement du Roi? Et quels sont vos principes, dira-t-on? Ce sont: la légitimité qui maintient fixe le premier pouvoir dans l'Etat, qui arrête devant lui les factions respectueuses et l'ambition même des héros; le concours de la royauté, de l'aristocratie et de la démocratie dans la législation, pour que les intérêts divers soient également défendus; et la force souveraine de la loi pour garantir à chacun sa liberté, telle seulement qu'elle doit être au sein de l'ordre. Voilà les principes fondamentaux d'une monarchie.

Les principes politiques de la révolution étaient fondés, au contraire, sur la souveraineté du peuple en action (car on proposa, dès le 14 juillet, de placer au Champ-de-Mars un trône vide, au pied duquel seraient assis le Roi et le Président); sur une assemblée constituante, gouvernant, exécutant même par ses comités et leurs agens, et tenant sous elle un pouvoir dépendant, sous le nom de *veto* suspensif, ou de Directoire exécutif; et, en outre, sur des lois improvisées, et rapportées, et contrariées sans cesse par d'autres, sans égard à la constitution fondamentale: vingt-cinq mille lois et pas une institution! enfin, sur la démagogie donnée au peuple et l'arbitraire le plus tyrannique conservé aux gouvernans, de telle manière que cet arbitraire, passant seulement des comités aux consuls, a formé sur-le-champ le despotisme d'un homme. Voilà ce que nous avons vu en politique, pendant ces vingt-cinq années, *qu'il ne faut pas déshonorer:* on peut avouer pourtant que nous n'avons conservé aucun de ces principes.

Je ne conçois guère que les révolutionnaires puissent prétendre être victorieux et en position d'accorder généreusement le pardon.

J'ai la vue très-courte, sans doute, car il me semble qu'aujourd'hui la contre-révolution est faite entièrement, puisque la légitimité sans cesse attaquée depuis 1789 jusqu'au 10 août, et détruite alors, est rétablie, reconnue, consacrée par la Charte; puisque la balance des trois pouvoirs qui n'existait plus depuis l'assemblée constituante, qui les avait usurpés tous, est également rétablie; et puisque la loi, qui a obéi aux factions pendant vingt-cinq ans, gouverne maintenant. Et c'est lorsque la contre-révolution est faite entièrement et si heureusement qu'on prend la défense de la révolution en masse, elle qu'on rougirait assurément de défendre en détail!

Mais, qu'est la Noblesse? que sont les Royalistes? Telles sont les dernières définitions que je veux préciser. J'ai déjà dit qu'il n'y avait de véritable Noblesse en France actuellement que les Pairs; cependant il y en a deux autres consacrées par la Charte. M. de Constant sait que ces espèces de Nobles portent des titres, ou font précéder leur nom du mot *de*, comme signe de distinction. Les uns datent de loin, les autres de la Révolution, et plusieurs du retour du Roi. Ils jouissent ainsi d'une petite satisfaction d'amour-propre que le pouvoir royal leur accorde et leur inspire même quelquefois, parce qu'elle les attache davantage au gouvernement qui les flatte. Mais il est faux que l'ancienne Noblesse forme un parti. Est-ce dans la Chambre des Députés? A peine y est-elle en tiers dans la minorité. Est-ce dans celle des Pairs? Les noms les plus illustrés sont remarqués dans les rangs de la majorité. Il y a donc dans les Chambres, comme dans l'Etat, comme dans la Société, un mélange complet de Nobles et de non-Nobles votant ensemble, tous d'accord sur les principes monarchiques, et discutant ensuite sur leur application. Mais pourquoi sommes-nous, anciens Nobles, attachés à l'ordre actuel du Gouvernement, nous qui avons tant perdu à la destruction de l'ancien? parce que *les hommes*, dit Tacite, *préfèrent les choses présentes dont ils sont assurés, aux choses anciennes qu'il est dangereux de rechercher*. Ainsi, ce n'est point par des protestations dont on pourrait douter, mais par des vérités de tous les lieux et de tous les tems, que je prouve l'attachement des anciens Nobles au régime établi.

Aussi est-il vrai que les Royalistes ne sont pas seulement les 80 mille anciens Nobles, mais la nation toute entière, d'accord avec eux, et heureuse d'avoir retrouvé le Roi, source de sa prospérité. Tous ceux qui ont acquis le droit de s'honorer de leur conduite, pendant cette révolution, peuvent l'offrir comme un garant de leur royalisme. Quand on a dit : *Plutôt mourir sans reproche à Sinamary que de vivre coupable à Paris*, on peut affirmer hautement qu'on vivra sans reproche sous le gouvernement du Roi. Même ceux qui, incapables de penser et de dire d'eux-mêmes, étaient, comme le conventionnel Montégut, toujours de l'avis du préopinant, sont des sujets très-irréprochables, si de téméraires écrivains ne nous rejettent pas dans le désordre. Les Royalistes sont donc la nation toute entière qui accueille dans ses rangs, sous sa protection, ceux même qui ont commis les crimes les plus atroces. Un seul de ces crimes a été légèrement puni par l'exil : ainsi Barrère, Vadier, Prieur, dont les noms seuls nous faisaient trembler autrefois, et l'incendiaire de Bedouin, Maignet, vivent encore! et tant d'autres criminels, plus heureux, jouissent toujours de leurs biens et de leur patrie. Quand le Député Lanot s'écriait : *Les jacobins sont les hommes de la vertu et de la justice*, les Jacobins proscrivaient et assassinaient. Aussi, ne sommes-nous pas convaincus que le pardon que les révolutionnaires nous accorderaient, fût aussi entier que le nôtre. Déjà même M. de Constant semble nous faire espérer seulement qu'on épargnerait les hommes porteurs d'une ancienne illustration, comme les Grecs, dit-il, épargnaient les captifs qui récitaient des vers d'Euripide.

Ah! nous ne craignons pas d'être ainsi épargnés; et nous ne voulons pas être captifs, parce que nous ne sommes pas 80 mille contre 25 millions, mais partout 99 contre un. Ce n'est pas à présent qu'une jolie femme pourrait nous dire comme aux évêques de l'assemblée constituante: *Messieurs du Clergé, on veut vous raser; si vous vous remuez tant, vous vous ferez couper;* nous avons été rasés, coupés, et nous avons pardonné franchement à ceux qui nous ont ainsi traités. Mais nous voulons leur éviter de nouveaux crimes, en maintenant la tranquillité publique; et nos intérêts sont ceux de la nation toute entière; nous sommes pour elle, avec elle et en elle, non-seulement d'après la Charte, mais aussi d'après nos anciens sentimens qui ont toujours été généreux et populaires.

Il résulte de ces explications que tout honnête homme est intéressé à faire cause commune avec les anciens Nobles pour la conservation de l'état actuel des choses qui est protecteur de tous les intérêts. Il en résulte enfin que la discussion, les oppositions existeront toujours dans des assemblées, et qu'elles sont même de l'essence du Gouvernement représentatif. Y a-t-il trop de répugnance d'un côté, et trop d'entraînement de l'autre à l'établissement de nouvelles formes, de nouveaux modes? Imitons cet Américain, député d'un des Etats méridionaux; il s'opposait à l'abolition des esclaves, et disait aux Députés du Nord: « Nous avons des » sujets que nous ne laissons point participer » aux droits civils, mais qui travaillent nos » terres et sont utiles; vous avez des citoyens » qui ne veulent point participer aux droits » civils, et qui ne travaillent ni ne s'arment » pour la patrie : laissez-nous nos nègres, puis» que nous vous laissons vos Quakers. » Passons-nous donc aussi des opinions différentes les unes des autres, surtout lorsque nous avons le bonheur d'avoir une Charte fondamentale qui a posé des barrières aux préjugés de toute espèce. Quoique l'on puisse dire et faire en sens opposés, il est à désirer que la Monarchie affermisse ses principes, qu'ils soient mieux reconnus et plus généralement répandus par l'instruction des nouvelles générations. C'est la force des choses : plus la Révolution tarde, plus elle aura d'ennemis à vaincre, quand elle tentera de se relever ; et cette aristocratie de la Chambre des Pairs, ce privilège d'une ancienne illustration qui n'existe que dans l'opinion, ces titres, par cela même qu'ils ne dispensent d'aucun des devoirs de la société, et qu'ils les rendent au contraire plus sacrés, servent à consolider les institutions essentielles. Les distinctions sont le mystère de la Monarchie, comme on nommait le serment chez les Romains le grand mystère de la République.

On reconnaîtra, je crois, que ma doctrine politique est de nature à réunir plus de Francais que celle de M. de Constant. Le Roi, dans une Monarchie, doit être le principe et le centre de l'union ; et il le sera, non en sacrifiant 80 mille hommes riches et distingués, non pas même en forçant les émigrés d'embrasser les révolutionnaires, mais en rattachant tous les intérêts au pouvoir royal. Il est vrai que les faveurs d'un Gouvernement ont dans tous les tems été accordées aux meilleurs, et le Musulman converti ne doit réclamer que le droit de dire librement ses nouvelles prières. Il fera sagement sans doute de ne pas demander à devenir Pape, s'il veut que l'on oublie qu'il a été un des disciples de Mahomet. Mais il ne faut pas trop étendre l'application de ce principe, et je ne suis point d'avis d'établir, en quelque classe que ce soit, l'esclavage de 80 mille Ilotes. C'est aussi impolitique que peu généreux, et je ne croirai pas à des conspirations qui nous imposeraient cette nécessité, jusqu'à ce que M. de Constant ou d'autres me fassent concevoir comment on pourrait *retrancher toute une nation d'un pays.*

www.ingramcontent.com/pod-product-compliance
Lightning Source LLC
LaVergne TN
LVHW010407240826
846091LV00020B/2821

9782011787675